Windows 10 Update
Frühjahr 2017

Alles über das Creators Update

Wolfram Gieseke

Windows 10 Update Frühjahr 2017

Alles über das Creators Update

Neue Funktionen

Geänderte Einstellungen

Versteckte Neuerungen & Details

Die Deutsche Nationalbibliothek verzeichnet diese Publikation in der Deutschen Nationalbibliografie; detaillierte bibliografische Daten unter http://dnb.dnb.de

© 2017 Wolfram Gieseke

Herstellung und Verlag:
BoD – Books on Demand, Norderstedt

ISBN: 978-3-7448-1266-5

Vorwort

Windows 10 ist und bleibt in einem ständigen Veränderungsprozess. Statt einer neuen ganz neuen Version alle drei bis vier Jahre gibt es nun in einem etwa halbjährigen Rhythmus Feature-Updates, die alle Benutzer kostenlos beziehen können.  Das sind größere Renovierungen, die wesentliche Änderungen an der Oberfläche sowie neue bzw. ergänzte oder umgebaute Funktionen umfassen können.

Im April 2017 war es mal wieder soweit: Mit dem Creators Update legte Microsoft das dritte Feature-Update für Windows 10 vor. Neben offensichtlichen Neuerungen wie dem neuen Sicherheitscenter oder Paint 3D gibt es mal wieder viele Änderungen in den Einstellungen. Die bringen nicht unbedingt immer neue Funktionen, machen aber eine Umgewöhnung erforderlich. Darüber hinaus hat Microsoft aber auch eine ganze Reihe neuer bzw. verbesserter Funktionen spendiert, die unter dem Motto „klein aber fein" durchaus lohnenswert sind.

Dieses Buch zeigt Ihnen ganz konkret, was sich durch das Creators Update bei Ihrem Windows 10 ändert, wie Sie sich in den mal wieder überarbeiteten Einstellungen zurechtfinden und wie Sie die neuen Funktionen sinnvoll für sich nutzen können.

Bei einem dynamischen Thema wie Windows ergeben sich ständig neue Entwicklungen und Erkenntnisse. Erfahrungsgemäß wird Microsoft bei den neuen Funktionen aus dem Update auch hier und da nochmal nachbessern müssen. Betrachten Sie deshalb bitte meinen Blog unter **www.gieseke-buch.de** als Online-Ergänzung dieses Buchs, wo Sie stets Aktuelles rund um das Thema finden, Fragen stellen und Anmerkungen loswerden können.

Wolfram Gieseke

Inhaltsverzeichnis

Mal wieder: Änderungen in den Einstellungen

Ein der Dauerbaustellen bei Windows sind die Einstellungen. Schon mit Windows 8 wurden die neuen, modernen Einstellungen eingeführt, die seitdem eine mehr oder weniger friedliche Koexistenz mit der klassischen Systemsteuerung führen. Dabei wandern mit jedem Update weitere Optionen aus der alten Systemsteuerung in die neuen Einstellungen. Fernziel von Microsoft ist das Abschaffen der Systemsteuerung, aber der Weg bis dahin ist noch weit. Denn auch wenn mit dem Creators Update wieder weitere Optionen aus der Systemsteuerung in die Einstellungen migriert wurden, bleiben noch immer viele übrig, die nur dort vorgenommen werden können.

Neue Kategorie: Apps

Mit dem Creators Update hat Microsoft aber auch die Einstellungen selbst grundlegend überarbeitet. Dabei sind zwei neuen Hauptkategorien entstanden, von denen eine *Apps* heißt und alle Optionen und

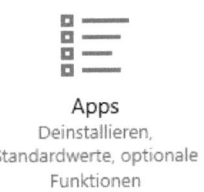

Apps
Deinstallieren,
Standardwerte, optionale
Funktionen

Informationen rund um installierte Anwendungen zusammenfasst.

11

Sie umfasst mehrere Seiten aus den Einstellungen, die sich bislang in der Hauptkategorie *System* befanden:

▶ *Apps & Features*

▶ *Standard-Apps*

▶ *Offline-Karten*

▶ *Apps für Websites*

Inhaltlich hat sich auf diesen Seiten nicht viel verändert. Nennenswert ist eine Option, die direkt unter *Apps & Features* hinzugekommen ist. Hier können Sie nun ganz oben auswählen, von wo Apps installiert werden dürfen.

Die sicherste Variante ist *Nur Apps aus dem Store zulassen.* Dann können auf dem Gerät nur Apps her-

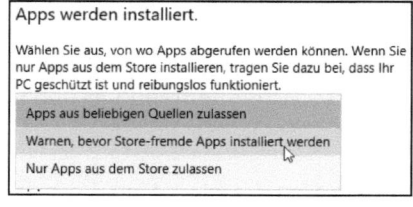

untergeladen werden, die Microsoft für den Windows Store zugelassen hat. Alternativ können Sie sich warnen lassen, wenn Apps aus anderen Quellen installiert werden sollen. Oder Sie lassen beliebige Quelle auch ohne Warnhinweise zu.

Nur Apps, nicht Desktop-Anwendungen
Einschränkungen für den App-Download gelten nur bei Apps für die moderne Windows-Oberfläche. Desktop-Anwendungen können Sie unabhängig davon jederzeit aus beliebigen Quellen herunterladen und installieren.

Neue Kategorie: Spielen

Die neue Kategorie *Spiele* richtet sich vor allem an Computerspieler in Verbindung mit einer Xbox, aber auch andere Nutzer können davon profitieren. Sie macht die bereits zuvor

Spielen
Spieleleiste, DVR,
Übertragung, Spielmodus

in Windows 10 enthaltenen Funktionen und Einstellungen der *Spieleleiste* leichter zugänglich. Diese ermöglicht es beispielsweise, während ein Spiel im Vollbildmodus läuft, per Tastendruck (oder Gamecontroller-Knopf) Bildschirmfotos zu erstellen oder den Spielverlauf aufzuzeichnen, um besondere Moment als Video festzuhalten (*GameDVR*)

Spielmodus

Auch für Nichtspieler könnte der Spielmodus interessant sein. Dieser kann in den Einstellungen unter *Spielen/Spielmodus* jederzeit ein- oder ausgeschaltet werden. Einige Spiele aktivieren ihn beim Starten auch automatisch. In diesem Modus werden Ressourcen wie Prozessor und Speicher für dieses Spiel priorisiert, um hohe Bildraten und ein ruckelfreies Spielvergnügen zu gewährleisten. Ebenso werden Hintergrundaktivitäten wie etwa Windows Update, die den Spielgenuss stören könnten, eingeschränkt.

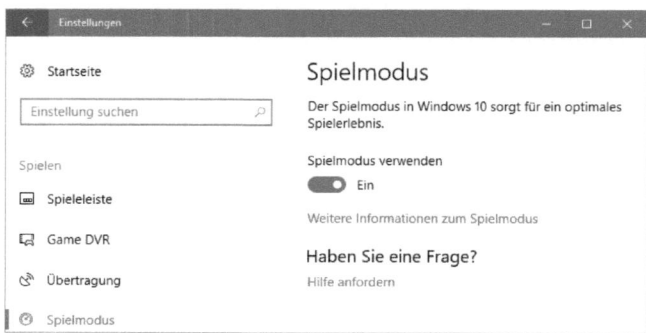

Alle Problembehandlungen im Überblick

Problembehandlungen sind schon länger ein Bestandteil von Windows. Diese Assistenten zum Lösen von Problemen in jeweils einem bestimmten Themenbereich werden gerne übersehen bzw. unterschätzt, denn sie können tatsächlich recht hilfreich sein.

Wohl damit sie etwas mehr Beachtung finden, hat Microsoft ihnen nun unter *Update und Sicherheit/Problembehandlung* eine eigene Seite in den Einstellungen spendiert. Hier finden Sie eine Übersicht aller Problemlösungsassistenten.

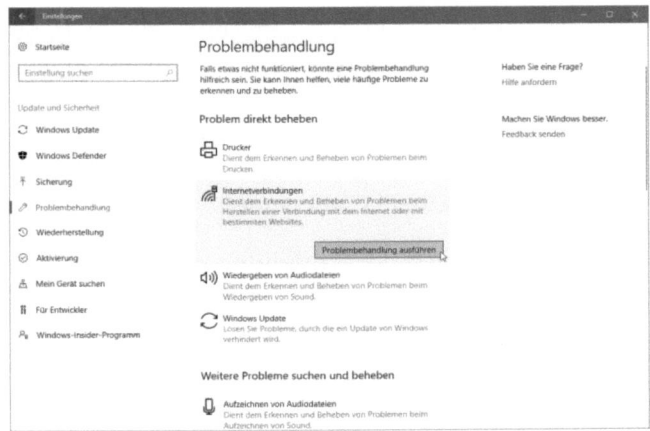

Um einen der Assistenten auszuführen, klicken Sie auf den Eintrag, der sich daraufhin um die Schaltfläche *Problemlösung ausführen* erweitert. Ein Klick darauf startet den eigentlichen Assistenten. Der analysiert die Situation und schlägt ggf. Schritte zur Lösung vor. Oftmals können diese automatisch durchgeführt werden. Teilweise erhalten Sie auch eine Anweisung, was genau zu tun ist.

Wer schon mit den Problemlösungen vertraut ist: Die vorhandenen Assistenten unterscheiden sich nicht nennenswert von den bislang bereits bekannten, die nach wie vor auch in der klassischen Systemsteuerung unter *Problembehandlung* abgerufen werden können.

Designs jetzt in den modernen Einstellungen

Als Design versteht man bei Windows ein Paket aus Hintergrund, Farbe, Sounds und Mauszeigern, welches ein bestimmtes Erscheinungsbild der Windows-Oberfläche prägt. Benutzer können sich ihr eigenes Design zusammenstellen. Ebenso kann man Designs auch speichern und mit anderen Benutzern austauschen. Und man kann fertige Designs herunterladen und auf dem eigenen PC anwenden.

Bislang fanden sich die Einstellungen für Designs im Modul *Anpassung* der klassischen Systemsteuerung. Mit dem Creators Update sind die Designs in die modernen Einstellungen umgezogen (*Personalisierung/Designs*). Von hier aus können die verschiedenen Komponenten des aktuellen Designs verändert werden, wobei *Hintergrund* und *Farbe* zu den entsprechenden Seiten der Einstellungen führen, während für *Sounds* und *Mauszeiger* weiterhin Dialoge der Systemsteuerung in Anspruch genommen werden. Änderungen kann man mit *Design speichern* als neues Design festhalten.

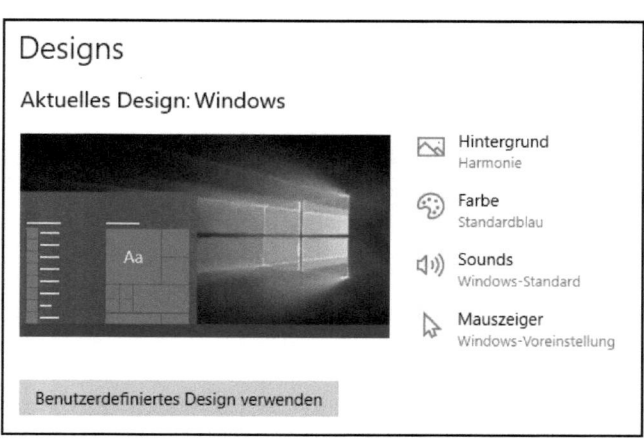

Fertige Designs aus dem Store

Besonders interessant dürfte die Möglichkeit sein, fertige attraktive Designs aus dem Windows Store herunterzuladen. Klicken Sie dazu *auf Weitere Designs aus dem Store beziehen*. Damit öffnen Sie die Windows Store-App direkt in einer speziellen *Windows Themes*-Rubrik. Hier können Sie sich am optischen Eindruck und vor allem an den Bewertungen der angebotenen Designs orientieren. Außerdem sind die Designs kostenlos. Man kann also einfach ein paar ausprobieren.

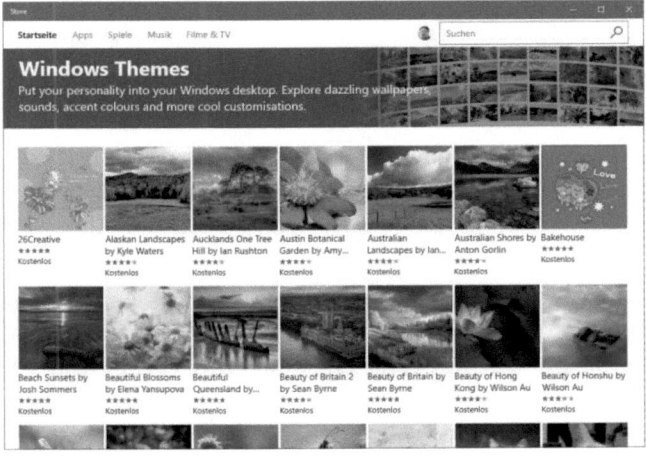

Laden Sie also Designs Ihrer Wahl herunter. Anschließend werden solche Design in den Einstellungen bei *Personalisierung/Design* in der Liste unter *Design anwenden* aufgeführt. Hier können Sie vorliegende Designs jederzeit durch einfaches Anklicken aktivieren.

Designs löschen

Wenn Ihnen heruntergeladene Designs doch nicht oder irgendwann nicht mehr gefallen, können Sie sie löschen und den dadurch belegten Speicherplatz freigeben. Aktivieren Sie dazu zunächst irgendein anderes Design (sofern das nicht schon der Fall ist). Dann können Sie mit der rechten Maustaste auf ein überflüssiges Design klicken. Dadurch wird eine *Löschen*-Schaltfläche eingeblendet, mit der Sie das Design und seine Daten entfernen.

Den PC per Bluetooth dynamisch sperren

Eine der unscheinbareren Neuerungen des Creators Update kann sich für manchen als sehr praktischer Alltagshelfer erweisen: Unter *Konten/Anmeldeoptionen* ist als zusätzliche Funktion die *Dynamische Sperre* hinzugekommen. Diese verwendet ein per Bluetooth mit dem PC gekoppeltes Smartphone. Solange sich das Gerät in Reichweite befindet, ist alles in Ordnung. Verlasse Sie aber den Arbeitsplatz (und nehmen das Smartphone mit), reißt die Bluetooth-Verbindung ab. Windows sperrt dann den PC automatisch. Der Zugang ist dann nur über den Sperrbildschirm und die dafür eingestellte Entsperrmethode möglich.

Damit das Ganze funktioniert, müssen Sie zunächst das Smartphone einmalig ganz normal mit dem PC koppeln. Die Funktion dafür finden Sie in den *Einstellungen* unter *Geräte/Bluetooth- und andere Geräte/Bluetooth- oder andere Geräte hinzufügen*. Wurde dies einmal erledigt, verbindet sich das Smartphone automatisch mit dem PC, sowie beide in Reichweite voneinander sind.

1. Öffnen Sie in den Einstellungen *Konten/Anmeldeoptionen*.

2. Aktivieren Sie hier im Bereich *Dynamisches Sperren* die Option *Zulassen, dass Windows Ihre Anwesenheit erkennt und das Gerät automatisch sperrt*.

Dynamische Sperre

Windows kann anhand der mit Ihrem PC gekoppelten Geräte erkennen, wann Sie abwesend sind.

☑ Zulassen, dass Windows Ihre Abwesenheit erkennt und das Gerät automatisch sperrt

Weitere Informationen

3. Damit ist die Funktion auch schon eingeschaltet und aktiv.

Wenn Sie sich nun mit dem Smartphone von Ihrem PC entfernen und damit die Bluetooth-Reichweite verlassen, aktiviert Windows nach 30 Sekunden automatisch den Sperrbildschirm.

Die Dynamische Sperre testen

Es wäre etwas unpraktisch, diese Funktion tatsächlich durch „Weggehen" zu testen. Es gibt aber eine Alternative: Deaktivieren Sie bei Ihrem Smartphone einfach die Bluetooth-Funktion und warten Sie dann ab, ob Windows nach ca. einer halben Minute zum Sperrbildschirm wechselt.

Folgendes sollten Sie zu dieser Funktion noch wissen:

▶ Sie können sie auch einsetzen, wenn Sie verschiedene Geräte per Bluetooth mit Ihrem PC verbunden haben, etwa Kopfhörer, Tastatur o. ä. Die Funktion berücksichtigt nur Geräte, die man typischerweise mit sich trägt wie insbesondere Smartphones. Die Bluetooth-Spezifikation erlaubt es Windows, die Geräteklassen zu unterscheiden.

▶ Diese Funktion beschränkt sich auf das Sperren. Erwarten Sie also nicht, dass Windows sich automatisch wieder entsperrt, wenn Sie mit dem Smartphone zu Ihrem PC zurückkehren.

▶ Selbst wenn Sie Ihr Smartphone mal nicht dabei haben, können Sie den PC uneingeschränkt nutzen. Die Funktion wird erst „scharf geschaltet", wenn nach dem Entsperren einmal eine Verbindung mit dem Smartphone festgestellt wurde. Selbst wenn also beispielsweise der Akku Ihres Smartphones im Laufe eines Arbeitstages den Geist aufgibt, müssen Sie den PC maximal einmal neu entsperren und können dann wieder ungestört arbeiten.

▶ Diese Sperrvariante ist nicht ganz so sicher wie das Sperren von Hand. Wenn Sie beispielsweise ins Nachbarbüro oder in einen Besprechungsraum schräg über den Flur gehen, ist die Reichweite eventuell noch so groß, dass keine Sperrung erfolgt. Betrachten Sie es eher als zusätzliche Absicherung, falls Sie das Sperren mal vergessen oder sich länger bzw. weiter als zunächst gedacht von Ihrem PC entfernen.

Neue Funktion zur Speicheroptimierung

Schon seit ewigen Zeiten verfügt Windows über die Datenträgerbereinigung, die spätestens bei Platzmangel Festplatten aufräumen kann, indem beispielsweise temporäre Dateien und überflüssige Spuren von Updates entfernt oder der Papierkorb gründlich geleert wird. Mit dem Creators Update bringen die Einstellungen nun eine eigene Aufräumfunktion mit. Diese ist auch nicht ein einfacher Ersatz sondern existiert parallel zur Datenträgerbereinigung und verwendet teilweise andere Methoden. Sie kann und sollte also ergänzend eingesetzt werden.

1. In den Einstellungen unter *System/Speicher* können Sie die *Speicheroptimierung* grundsätzlich ein- und ausschalten.

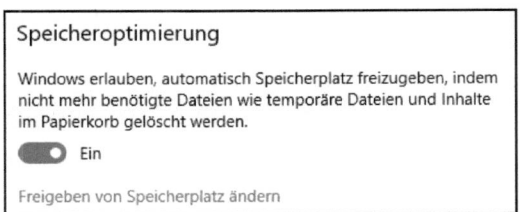

2. Mit einem Klick auf *Freigeben von Speicherplatz ändern* öffnen Sie die Einstellungen dieser Funktion.

21

3. Hier können Sie festlegen, ob die Funktion temporäre Dateien löschen und/oder Dateien nach 30 Tagen aus dem Papierkorb entfernen darf.

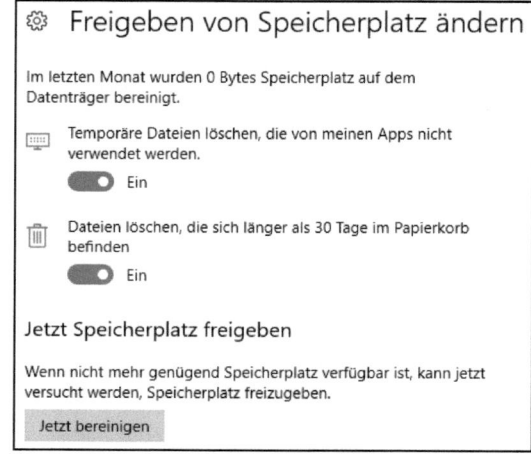

4. Außerdem haben Sie hier die Möglichkeit, mit *Jetzt bereinigen* jederzeit eine Speicheroptimierung durchzuführen, die von Windows sonst automatisch in regelmäßigen Abständen vorgenommen wird.

LAN-Verbindungen als getaktete Verbindungen

Schon immer bestand die Möglichkeit, bestimmte Drahtlosnetzwerke als getaktete Verbindungen zu konfigurieren. Damit kann man Windows signalisieren, dass diese Verbindungen nach Zeit oder Datenvolumen abgerechnet werden. Windows verzichtet dann darauf, über solche Verbindungen umfangreiche Hintergrunddaten wie Updates oder Synchronisierungen zu übertragen.

Mit dem Creators Update können Sie nun jegliche Netzwerkverbindung – also auch Kabelverbindungen – als getaktete Verbindung kennzeichnen. Das kann in seltenen Situationen sinnvoll sein, wenn eine solche Netzwerkverbindung tatsächlich abgerechnet wird oder wenn man bei bestimmten Gelegenheiten umfangreichere Hintergrundtransfers vermeiden möchte.

1. Für diese Funktion öffnen Sie in den Einstellungen *Netzwerk und Internet/Ethernet*.

2. Hier sehen Sie die Liste der bekannten Drahtnetzwerke. Sollten es mehr als eines sein, erkennen Sie das aktuell benutzte an der Anmerkung *Verbunden*.

3. Klicken Sie das gewünschte Netzwerk an, um seine Einstellungen zu öffnen.

4. Aktivieren Sie dort im Bereich *Getaktete Verbindung* den Schalter *Als getaktete Verbindung festlegen*.

Getaktete Verbindung

Wenn Sie über einen eingeschränkten Datentarif verfügen und mehr Kontrolle über die Datennutzung haben möchten, legen Sie diese Verbindung als getaktetes Netzwerk fest. Einige Apps können anders funktionieren, um die Datennutzung bei der Verbindung mit diesem Netzwerk zu reduzieren.

Als getaktete Verbindung festlegen

🔘 Ein

Wie bereits be-
schrieben, redu-
ziert Windows
bei getakteten
Verbindungen
eine ganze Reihe

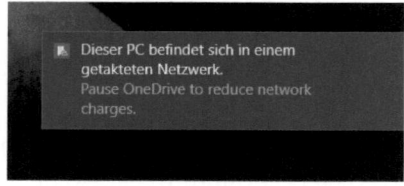

von Hintergrundübertragungen. Deshalb sollten Sie
diese Funktion nur anwenden, wenn es unbedingt
nötig ist. Ggf. macht Windows Sie aber auch auf die
Beeinträchtigungen aufmerksam, die dadurch entste-
hen können.

Das neue Sicherheitscenter

Zu den grundlegenden Neuerungen durch das Creators Update gehört das neue Sicherheitscenter. Anstatt den bisherige Bereich *Sicherheit und Wartung* aus der klassischen Systemsteuerung herauszulösen und in die modernen Einstellungen zu integrieren, hat man sich bei Microsoft entschlossen, alle sicherheitsrelevanten Statusinformationen und Einstellungen statt dessen in eine eigene App zu verpacken. Angesichts der Wichtigkeit dieses Themas ist das sicher auch keine verkehrte Idee.

Dieses neue Sicherheitscenter können Sie jederzeit über das Defender-Symbol im Infobe-  reich öffnen. An diesem Symbol können Sie zugleich erkennen, ob dies überhaupt erforderlich ist: Solange das Symbol ein grüner Haken ziert, ist alles OK und Sie brauchen nicht einzugreifen.

So macht das Sicherheitscenter auf Risiken aufmerksam

Wann immer eine Situation eintritt, die das Sicherheitscenter für problematisch hält, macht es Sie darauf aufmerksam:

▶ Bei kleineren Problemen erhält das Symbol zunächst ein gelbes Warnsignal.

▶ Bei ernsthaften Gefahren wird das Warnsignal rot. Gleichzeitig erhalten Sie einen Hinweis auf dem Bildschirm und es wird eine Meldung im Benachrichtigungscenter am rechten Bildschirmrand hinterlegt.

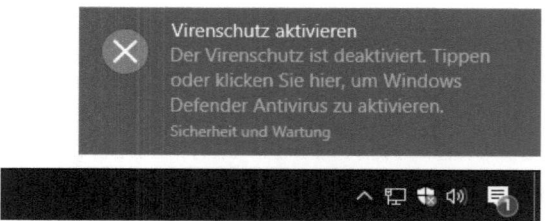

Wenn Sie nun das Sicherheitscenter öffnen, finden Sie auch hier deutliche Hinweise, was genau im Argen liegt. Häufig sind diese auch gleich mit Schaltflächen versehen, die das Problem korrigieren, etwa indem fehlende Schutzmechanismen direkt aktiviert werden.

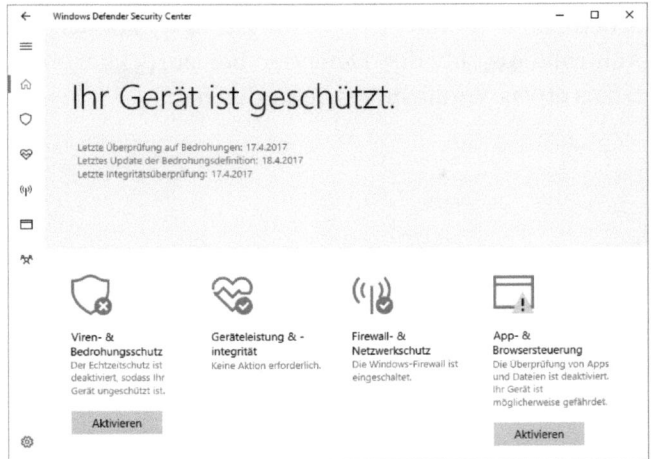

Neben der Startseite für den schnellen Überblick finden Sie im Sicherheitscenter mehrere Seiten, die Sie über die Navigationsleiste am linken Rand ansteuern können. Die folgenden Abschnitte stellen diese Bereiche jeweils vor.

Viren- und Bedrohungsschutz

Hier finden Sie die bisherige Funktionalität des Windows Defender integriert. So können Sie hier eine *Schnellüberprüfung* starten oder mit *Erweiterte Überprüfung* zunächst genauer festlegen, was der Defender scannen soll. Darunter finden Sie die Einstellungen für den Defender, die im Wesentlichen den bisherigen entsprechen. Zusätzlich können Sie den Status der Defender-Updates kontrollieren und ggf. ein manuelles Update anstoßen. Wichtig: Unter dem etwas unscheinbaren Punkt *Überprüfungsverlauf* können Sie kontrollieren, ob der Defender bei zurückliegenden Scans etwas Verdächtiges gefunden hat.

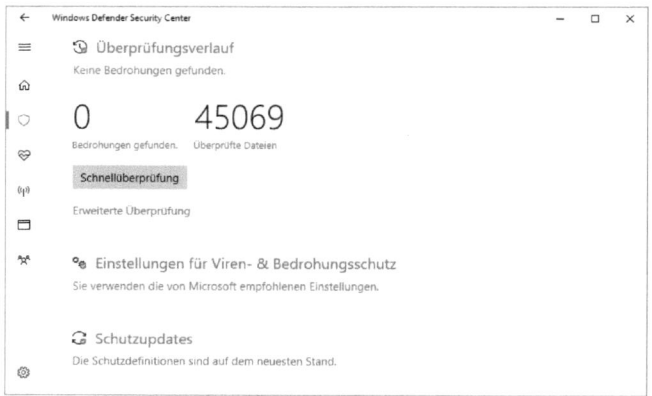

Geräteleistung und -integrität

Auf dieser Seite macht Windows Sie ggf. auf Probleme aufmerksam, welche die Stabilität und/oder Integrität des Systems beeinträchtigen. So erfahren Sie etwa, wenn es Probleme mit Updates gibt oder wenn Gerätetreiber nicht ordnungsgemäß funktionieren.

Der hier präsentierte Integritätsbericht bietet zumindest erste Anhaltspunkte, ersetzt aber keine gründliche Systemanalyse, wenn es tatsächlich zu Problemen kommt.

Firewall- & Netzwerkschutz

In dieser Kategorie sehen Sie, mit was für einem Netzwerk Sie derzeit verbunden sind und wie der Status der Firewall ist. Außerdem sind unten die wichtigsten Einstellungen rund um die Firewall verknüpft. Sie können auch direkt von hier aus den Zugriff von Apps durch die Firewall zulassen. Für eine weitergehende Konfiguration der Windows-Firewall werden dann aber doch wieder die klassischen Einstellungen der Systemsteuerung bemüht.

App- und Browsersteuerung

Hinter der *App- und Browsersteuerung* verbirgt sich der bereits bekannte SmartScreen-Filter, der gefährliche Inhalte erkennen und blockieren kann. Er kann sowohl den Download von Dateien aus dem Internet als auch den Abruf von Webseiten mit dem Edge-Webbrowser oder das Installieren von Apps aus dem

Windows Store überwachen. Für alle diese Bereiche können Sie hier festlegen, ob der Defender aktiv sein soll. Für Datei-Download und Webseitenabrufe können Sie außerdem einstellen, ob Sie auf bedenkliche Inhalte hingewiesen werden möchten oder ob Smart-Screen diese rigoros blockieren soll.

Familienoptionen

Die Optionen für den Kinder- und Jugendschutz hat Microsoft mit Windows 10 in eine Weboberfläche beim Windows Live-Dienst ausgelagert. Daran ändert sich auch nichts. Deshalb können Sie in dieser Kategorie auch nur die dementsprechenden Webseiten aufrufen, um diese Einstellungen anzuzeigen und zu verändern.

Benachrichtigungen des Sicherheitscenters steuern

Mit dem Zahnrad-Symbol unten in der Navigationsleiste können Sie die Einstellungen des Sicherheitscenters öffnen. Hier geht es darum, welche Benachrichtigungen dem Benutzer vorgelegt werden. So sind die regelmäßigen Hinweise des Windows Defender auf ergebnislose Überprüfungen eher sinnlos und können abgeschaltet werden. Sollte der Defender fündig werden, erhalten Sie selbstverständlich trotzdem eine Nachricht.

Etwas differenzierter sollte man die Benachrichtigungen der Firewall betrachten. Prinzipiell ist es sinnvoll, eine Nachricht über das Blockieren einer App zu erhalten. Ansonsten kann es passieren, dass beispielsweise eine neue App scheinbar nicht funktioniert. Tatsächlich aber wird sie von der Firewall blockiert und kann deshalb ihre Aufgabe nicht erfüllen. Des-

halb sollten Benachrichtigungen zumindest in priva-
ten Netzen aktiviert bleiben. Für öffentliche Netze
kann man sie abschalten, wenn sie zu lästig werden.

Neues beim Datenschutz

Der Datenschutz gehört zu den Dauerbaustellen bei Windows. Einerseits möchte Microsoft gerne möglichst viele Daten erheben und das gar nicht unbedingt nur mit böser Absicht. Tatsächlich dient diese Telemetrie sicher auch dem Ziel, Probleme und Bedürfnisse der Anwender möglichst frühzeitig zu erkennen. Aber es stehen auch handfeste finanzielle Interessen etwa bei der zielgerichteten Platzierung von Werbung dahinter. Deshalb wird Microsoft von Datenschützern auch immer wieder hart kritisiert.

Mit dem Creators Update hat man reagiert und mit den Express-Einstellungen zumindest einen häufigen Kritikpunkt etwas entschärft. Außerdem wurden die Datenschutzeinstellungen weiter ausgebaut und geben dem interessierten Anwender mehr Möglichkeiten, die Datenerhebung zu steuern und zu begrenzen.

Neue Dialoge beim Installieren

Ein fast schon traditioneller Kritikpunkt vieler Datenschützer an Windows sind die Express-Einstellungen bei der Installation von Windows bzw. Feature-Updates. Beim ersten Start nach der Installation wurde dem Benutzer angeboten, mit einem einzigen Mausklick für eine ganze Reihe von Grundeinstellungen ohne weitere Einblicke einfach die Standardwerte zu übernehmen. Diese Standards hatte Microsoft selbst festgelegt und sie waren meist dementsprechend datenschutz-unfreundlich. Wer Wert auf den Schutz seiner Daten legte, musste auf diesen schnellen Weg verzichten und sich stattdessen durch mehrere Seiten Einstellungen kämpfen und dort in der Regel die meisten Optionen einzeln ausschalten.

Auf diese Express-Einstellungen möchte Microsoft ab dem Creators Update verzichten. Stattdessen werden die notwendigen Optionen den Benutzern im Klartext präsentiert. Damit das nicht zu verwirrend und abschreckend ist, hat man bei der Gelegenheit aber auch kräftig ausgemistet und beschränkt sich auf wenige wesentliche Einstellungen.

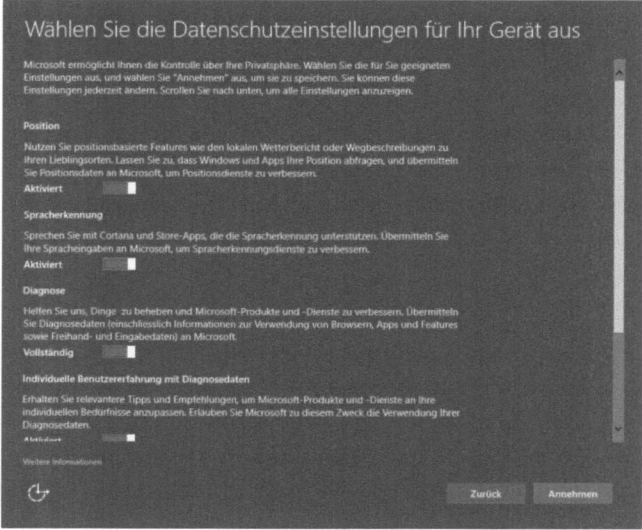

Ist jetzt als datenschutzmäßig alles gut? Naja, nicht wirklich. Denn im Wesentlichen hat Microsoft wirklich nur die Möglichkeit der Express-Einstellung entfernt. Die Optionen selbst sind immer noch so vorein-gestellt, wie es Microsoft am ehesten nutzt. Wer ein-fach nur die Installation bzw. das Update schnell hin-ter sich bringen möchte und direkt auf *Annehmen* klickt, erhält nach wie vor ein geschwätziges Windows, das oft „nach Hause telefoniert" und die profil-orientierte Werbung optimal unterstützt.

Es bleibt deshalb bei der Empfehlung, die während der Installation präsentierten Optionen im Zweifels-fall grundsätzlich auszuschalten. Alle diese Einstel-lungen lassen sich ggf. später reaktivieren, falls dies sinnvoll und notwendig sein sollte.

Veränderte Datenschutzeinstellungen

Auch an den Datenschutzeinstellungen haben die Windows-Entwickler mal wieder fleißig herumgefeilt. Dabei ist nichts grundlegend neues entstanden. Es gibt die zusätzlichen Kategorien *Aufgaben* und *App-Diagnose*. Ansonsten wurden Optionen ergänzt und insgesamt etwas aufgeräumt, um die immer zahlrei-cher werdenden Optionen sinnvoll zu strukturieren.

Kategorie *Aufgaben*

Analog zu Kategorien wie Kontakte oder Kalender können Sie hier steuern, ob und welche Apps Zugriff auf Ihre geplanten Aufgaben haben sollen. Mit dem Schalter oben kann dies komplett deaktiviert werden. Wenn Sie einzelnen Apps den Zugriff erlauben möchten, finden Sie darunter alle installierten Apps, die dafür in Frage kommen. Sie können für jede dieser Apps bestimmen, ob Sie den Zugriff erlauben möchten oder nicht. Hinweis: Die windows-eigene Mail und Kalender-App hat immer Zugriff auf die Aufgaben.

Kategorie *App-Diagnose*

In dieser Kategorie werden Apps aufgeführt, die Diagnoseinformationen von Windows oder von anderen Apps beziehen möchten. Das können beispielsweise Apps zur Systemüberwachung und Fehlerdiagnose sein. Auch hier können Sie diese Funktion pauschal für alle Apps deaktivieren. Oder Sie legen für jede in Frage kommende App selbst fest, ob Sie dieser den Zugriff erlauben möchten.

Solange Sie keinerlei Diagnose-Apps einsetzen, sollten sie die App-Diagnose ganz ausschalten. Es besteht sonst die Gefahr, dass Apps, bei denen Sie das gar nicht vermuten würden, Ihren PC ausspionieren und diese Daten an ihren Hersteller übermitteln. Wenn Sie die App-Diagnose nicht pauschal deaktivieren, sollten Sie regelmäßig einen Blick hier in die Liste der Apps werfen. Eventuell erleben Sie Überraschungen, etwa eine Spiele-App die Diagnosedaten erheben möchten. Dann sollten Sie einschreiten und das für diese Anwendung unterbinden.

Nur noch zwei Stufen von Nutzungsdaten

Eine nicht unwesentliche Änderung durch das Creators Update findet sich in der Kategorie *Feedback und Diagnose*. Bei den Diagnose- und Nutzungsdaten gibt es jetzt nur noch zwei Abstufungen: *Einfach* und *Vollständig*. Die bisherigen Zwischenstufe *Verbessert* wurde ersatzlos gestrichen.

Leider legt Microsoft noch immer nicht offen, welche Daten genau mit *Einfach* übermittelt werden. Nach derzeitigem Stand umfasst es Informationen zur vorhandenen Hard- und Software, zum Updatestatus sowie einfache Fehlerberichte (ohne persönliche Daten des Benutzers).

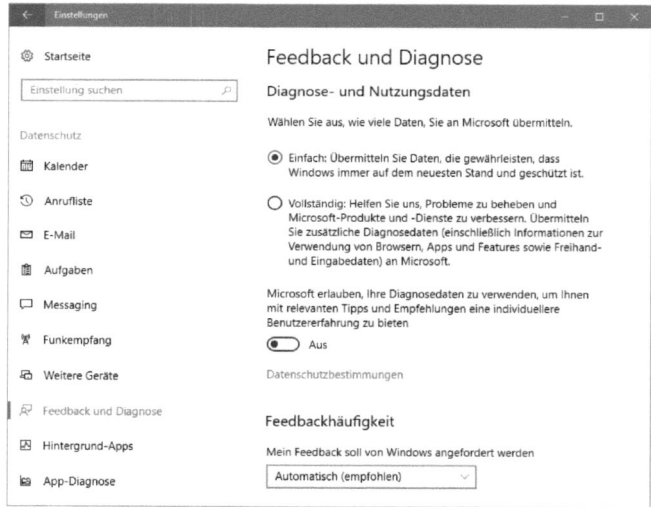

Neu hinzugekommen bei *Feedback und Diagnose* ist außerdem die Option *Microsoft erlauben, Ihre Diagnosedaten zu verwenden, um Ihnen mit relevanten Tipps und Empfehlungen eine individuelle Benutzererfahrung zu bieten*. Wer von solchen Tipps verschont bleiben möchte, kann sie hier abschalten. Andererseits kann es für ambitionierte Benutzer interessant sein, was Microsoft so empfiehlt. Immerhin lässt das auch Rückschlüsse darauf zu, welche Daten der Hersteller erhebt und auswertet.

Privacy-Informationen zu Microsoft-Konten

Es hängt zwar nicht unmittelbar mit dem Creators Update zusammen, ist aber auch noch recht neu und für alle datenschutzbewussten Anwender von Interesse: Seit kurzem bietet Microsoft für alle seine Onlinekonten einen Datenschutz-Überblick an. Hier können Sie erfahren, welche Daten zu Ihrem Konto in letzter Zeit erhoben wurden. So können Sie kontrollieren, ob Ihre Datenschutzeinstellungen optimal gewählt sind. Zugleich bietet dieser Überblick auch Funktionen zum Löschen der vorhandenen Daten. Öffnen Sie dazu im Edge-Browser die Adresse *account.microsoft.com/privacy*. Ggf. müssen Sie sich mit Ihrem Microsoft-Konto anmelden, bevor Sie Zugriff erlangen.

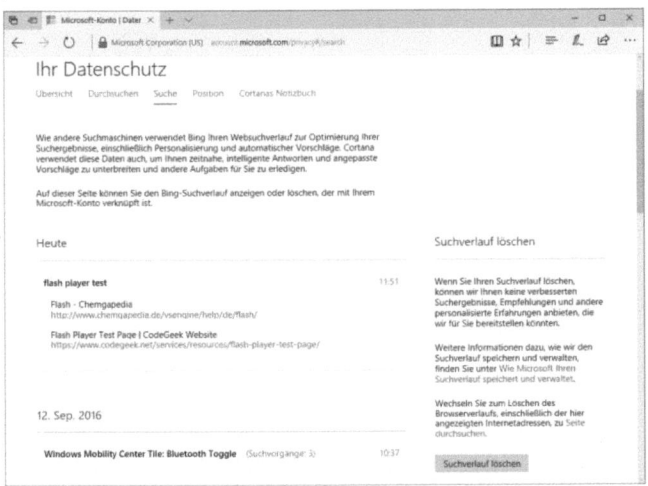

Mehr Flexibilität bei Updates

Eine weitere Dauerbaustelle bei Windows sind die automatischen Updates. Schon lange verspricht Microsoft den Anwendern unsichtbare Updates, die im Hintergrund abgerufen und eingespielt werden, ohne dass der Benutzer etwas davon bemerkt. Die Realität sind aber nach wie vor regelmäßig notwendige Neustarts, die dann auch gerne mal etwas länger dauern, wenn man den PC eigentlich gerade dringend braucht.

Dementsprechend kamen Neuerungen bei den letzten Feature-Updates nicht gut an, mit denen die Möglichkeiten der Benutzer beschnitten wurden, Einfluss auf den Zeitpunkt von Updates zu nehmen. Hier rudert das Creators Update wieder etwas zurück und erweitert den Handlungsspielraum der Anwender.

Erweiterte Nutzungszeit ohne Neustart

Schon bisher konnte man eine typische Nutzungszeit für den PC festlegen. Innerhalb dieser Zeit verzichtet Windows auf automatische Neustarts zum Abschließen eines Updates. Daran hat sich auch nichts Wesentliches geändert. Allerdings ist der mögliche Zeitraum nun großzügiger bemessen. Bislang durfte er maximal 12 Stunden betragen. Nun kann man einen Zeitraum von bis zu 18 Stunden Nutzungszeit festlegen.

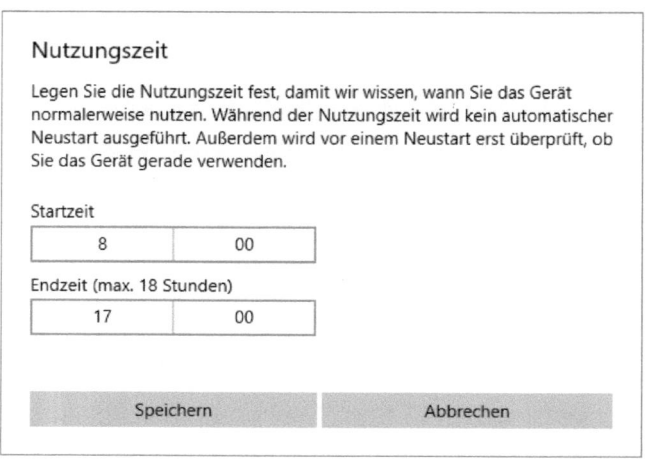

Zusätzliche Benachrichtigungen vor Neustarts

Wenn ein Neustart zum Installieren eines Updates notwendig ist, informiert Windows den Anwender darüber per Benachrichtigung. Allerdings wird diese leicht übersehen bzw. vergessen, wenn der Neustart erst Stunden später ausgeführt wird. Wer das problematisch findet, kann nun zusätzliche Benachrichtigungen aktivieren, die regelmäßig an einen anstehenden Neustart erinnern.

Dazu gibt es in den Einstellungen unter *Update und Sicherheit/Windows Update/Neustartoptionen* nun eine zusätzliche Option *Weitere Benachrichtigungen anzeigen*, die man nach Bedarf ein- oder ausschalten kann.

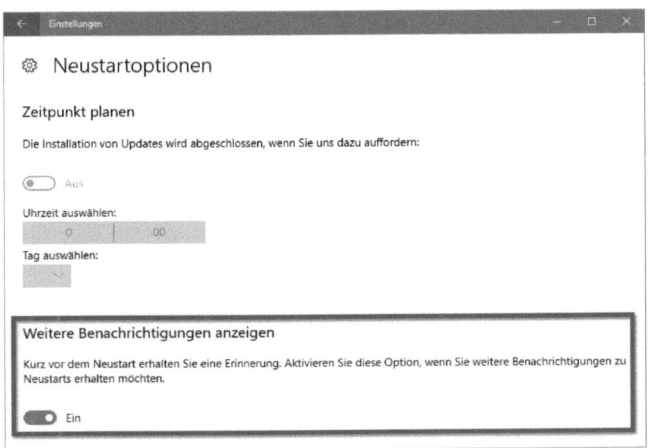

Einfaches Herunterfahren oder Neustarten auch bei Updates

Eine der unscheinbareren Neuheiten, die einem nur in einer konkreten Situation überhaupt auffallen können: Sie können nun ein laufendes Update ignorieren und den PC auch ohne Aktualisierung herunterfahren oder neu starten.

Üblicherweise finden sich im Ein/Aus-Menü Einträge wie *Energie sparen*, *Herunterfahren* und *Neu starten*. Muss für ein vorliegendes 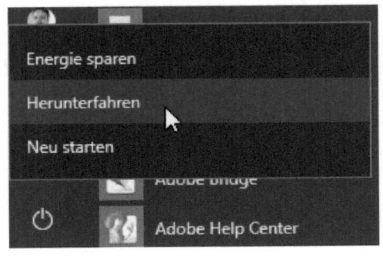 Update ein Neustart durchgeführt werden, verwandeln sich diese Einträge in *Herunterfahren und aktualisieren* bzw. *Neu starten und aktualisieren.* Das Problem dabei: sowohl Herunterfahren als auch Neustart dauern mit Aktualisierung meist deutlich länger als sonst. Das kommt einem manchmal einfach ungelegen.

Mit dem Creators Update ersetzen diese Einträge nicht mehr die anderen, sondern werden zusätzlich angezeigt. Selbst wenn ein Update durchgeführt werden muss, können Sie also weiterhin den PC auch ohne Aktualisierung *Herunterfahren* oder *Neu starten.* Das Aktualisieren wird dann einfach vorläufig verschoben und kann später nachgeholt werden.

Windows-Updates vorübergehend pausieren

Auch bisher hatten Nutzer der Pro-Edition(!) die Möglichkeit, das Installieren von Feature-Updates für einige Zeit zu verzögern. So kann man mit dem Update warten, bis die neuen Funktionen breit getestet und ggf. nachgebessert wurden. Mit dem Creators Update gibt es noch mehr Möglichkeiten, Updates zu verzögern bzw. auf einen passenderen Zeitraum zu verschieben. Die Einstellungen dafür finden Sie unter *Update und Sicherheit/Windows Update/Erweiterte Optionen.*

Schnelle Updates oder Stabilität?

Hier können Sie im Bereich *Installationszeitpunkt für Updates auswählen* zunächst die bevorzugte „Geschmacksrichtung" für Funktionsupdates festlegen:

▶ **Current Branch** ist die aktuelle Windows-Version, die ständig weiterentwickelt wird. Damit kommen Sie also am schnellsten an neue oder verbesserte Funktionen.

▶ **Current Branch for Business** ist eine Alternative, bei der es vor allem auf Stabilität und Kontinuität ankommt. Hier wird seltener aktualisiert und es fließen nur neue Funktionen ein, die zuvor in der Current Branch bereits ausgiebig im Praxiseinsatz bei Millionen Anwendern getestet und für gut befunden wurden.

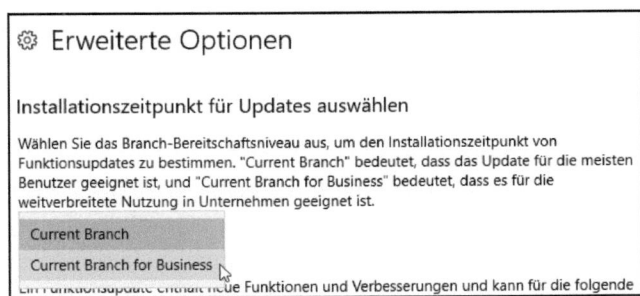

Wer keine Lust auf Experimente hat und auf neue Funktionen notfalls auch ein paar Monate warten kann, der sollte *Current Branch für Business* wählen. Im Übrigen kann man diese Entscheidung jederzeit rückgängig machen und zur anderen Variante wechseln.

Das wirkt sich aber immer nur auf zukünftige Updates aus.

Updates verzögern

Auch wenn Sie die Current Branch für aktuelle Entwicklungen wählen, müssen Sie Updates nicht unbedingt sofort nach Verfügbarkeit einspielen. Mit den beiden unteren Einstellungen können Sie Funktionsupdates bzw. Qualitätsupdates automatisch um bis zu 8 Tage verzögern lassen. Das sollte reichen, bis diese Updates von anderen Benutzern angewendet wurden und eventuelle Probleme damit aufgedeckt wurden.

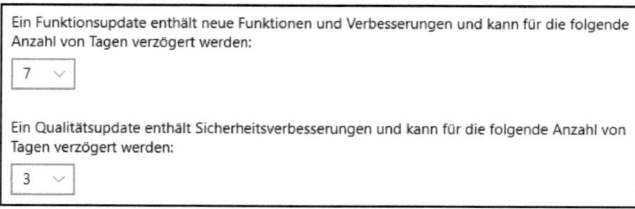

Für Funktionsupdates ist eine solche Verzögerung in jedem Fall unproblematisch. Bei Qualitätsupdates sollten Sie bedenken, dass dies auch sicherheitsrelevante Aktualisierungen betrifft. Gerade bei neu bekannt gewordenen Sicherheitslücken kann es wichtig sein, ein entsprechendes Update für Windows zeitnah einzuspielen, wenn eine Lücke bereits aktiv von Übeltätern ausgenutzt wird, insofern muss man bei dieser Option vielleicht nicht unbedingt den maximalen Verzögerungszeitraum ausnutzen.

Updates ganz aussetzen

Eine weitere, neu hinzugekommene Möglichkeit besteht darin, Updates für einen bestimmten Zeitraum ganz auszusetzen. Windows deaktiviert seine Update-Funktion für bis zu sieben Tage. In diesem Zeitraum wird weder nach neuen Updates gesucht noch vorhandene Updates installiert. Das kann etwa sinnvoll sein, wenn man auf Reisen ist und das Gerät nur hin und wieder kurzzeitig an einem Hotspot in Betrieb nimmt. Dabei will man sich schließlich nicht mit Updates herumschlagen, sondern nur mal eben Mails checken, wichtige Dateien synchronisieren usw.

Updates aussetzen

Sie können die Installation von Updates auf diesem Gerät vorübergehend bis zu 7 Tage aussetzen. Wenn Updates fortgesetzt werden, müssen die neuesten Updates auf das Gerät angewendet werden, bevor sie für das Gerät wieder ausgesetzt werden können.

  Ein

Updates wurden bis 26.04.2017 ausgesetzt.

Beachten Sie bitte, dass das Aussetzen auch sicherheitskritische Updates sowie frische Signaturen für den Windows Defender umfassen kann. Es sollte deshalb nur bei Bedarf und nicht „einfach so" eingesetzt werden, um unnötige Risiken zu vermeiden.

Wollen Sie später wieder Updates zu lassen, deaktivieren Sie das Aussetzen wieder. Spätestens nach sieben Tagen übernimmt Windows das für Sie. Anschließend können Updates erst dann wieder ausgesetzt werden, wenn Windows sich zwischenzeitlich einmal auf den neuesten Stand bringen konnte.

Neuerungen an der Oberfläche

Auch bei der Benutzeroberfläche haben die Windows-Entwickler wieder an allen möglichen Ecken und Enden geschraubt. Es gab zwar keine Änderungen am grundlegenden Konzept oder Aussehen, aber eben viele kleine Optimierungen – wobei Optimierung eben auch immer im Auge des Betrachters liegt. Einige Änderungen beispielsweise am Win+X-Menü werden sicher nicht nur auf begeisterte Anhänger stoßen.

App-Liste im Startmenü ausblenden

Das Creators Update bietet die Möglichkeit, die App-Liste im Startmenü standardmäßig zu verstecken und nur bei Bedarf einzublenden. Das dürfte vor allem für Touch-Benutzer und Kachelfreunde interessant sein, die sich ohnehin alle für sie wichtigen Programme als Kacheln angelegt haben.

1. Öffnen Sie in den Einstellungen die Kategorie *Personalisierung/Start* und schalten Sie dort die Option *App-Liste in Startmenü anzeigen* aus.

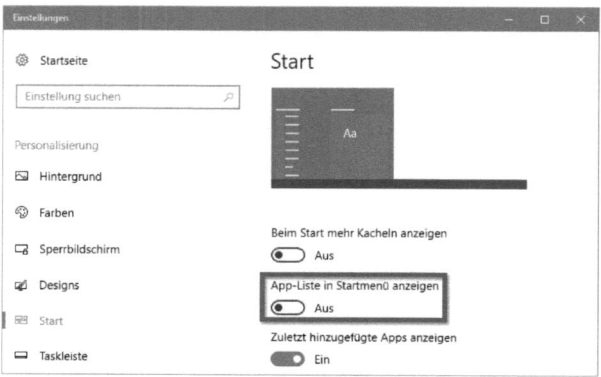

2. Wenn Sie nun das Startmenü öffnen, sehen Sie nur noch Kacheln.

3. Mit den beiden Symbolen oben links können Sie jederzeit zwischen Kacheln und App-Liste hin und herwechseln. Selbst wenn es für eine Anwendung mal keine Kachel gibt, ist sie also noch zu erreichen.

Kacheln in Kachelordnern zusammenfassen

Eine der größten Änderungen am Startmenü ist zunächst nicht wahrzunehmen: Man kann nun mehrere Kacheln in einem Ordner zusammenfassen und dadurch der Kachelansicht im Startmenü mehr Struktur verleihen. Die Vorgehensweise dazu ist etwas gewöhnungsbedürftig, aber wer solche Ordner beispielsweise schon vom Smartphone kennt, wird sich schnell damit zurecht finden.

Ordner anlegen

Suchen Sie sich zwei Kacheln aus, die beide in einen gemeinsamen Ordner einsortiert werden sollen.

1. Klicken Sie eine der beiden Kacheln – egal welche – an und halten Sie die Maustaste gedrückt. Bei einem Touch-Bildschirm geht das selbstverständlich auch mit dem Finger.

2. Ziehen Sie die erfasste Kachel dann langsam auf die andere Kachel, bis die beiden sich zum größeren Teil überlappen. Sollte die andere Kachel dabei „entwischen", war die Bewegung zu schnell.

3. Die untere Zielkachel wird ab einem bestimmten Punkt der Überlappung von alleine etwas größer.

Man muss aber genau hinsehen, um den Effekt zu bemerken.

4. Lass Sie nun Mauszeiger bzw. mit dem Finger los und damit die eine Kachel auf die andere „fallen".

5. Daraufhin wird das bisherige untere Symbol durch eine leere Kachel nur mit einem Pfeil versehen. Darunter wird der Ordner angezeigt, der nun schon die beiden beteiligten Kacheln als Inhalt

hat. Mit der Pfeilkachel können Sie den Ordner einklappen.

6. Im eingeklappten Zustand sieht man vom Ordner nur eine Kachel mit den verkleinerten Symbolen der enthaltenen Apps.

Sie können einem Ordner weitere Apps hinzufügen, indem Sie einfach wie beschrieben deren Kacheln auf die (eingeklappte) Ordnerkachel ziehen.

Ordner nutzen

Einmal angelegt, lassen sich Ordner recht einfach und intuitiv verwenden. Die Kachel selbst kann wie jede andere in der Kachelansicht verschoben werden. Ebenso können Sie die Größe der Ordner-Kachel wie gewohnt verändern. Insbesondere wenn Sie recht viele Apps hinziehen, ist das auch sinnvoll. Was nicht geht: eine Ordner-Kachel ihrerseits in einen Ordner zu ziehen. Verschachtelte Ordnerstrukturen sind also nicht möglich aber wohl auch eher selten notwendig.

Um auf die Kacheln in einem Ordner zuzugreifen, klicken bzw. tippen Sie einfach auf die Ordnerkachel. Diese wird dann nach unten ausgeklappt und Sie erhalten dort Zugriff auf den gesamten Inhalt. Für die Kacheln innerhalb eines Ordners gilt wiederum die gesamte Kachelfunktionalität einschließlich verschiedener Größen und Live-Kachel.

Das Schließen eines Ordners ist in der Regel nicht notwendig. Wenn Sie eine Kachel im Ordner antippen wird das Startmenü geschlossen und damit auch der Ordner eingeklappt. Auch wenn Sie das Startmenü ohne Auswählen einer Kachel verlassen, wird der Ordner minimiert.

Kacheln aus einem Ordner entfernen

Soll eine Kachel wieder aus einem Ordner entfernt werden, öffnen Sie diesen und erfassen die gewünschte Kachel wie beschrieben. Ziehen Sie sie dann aus dem Ordner an eine beliebige Stelle der Kachelansicht. Sie können Sie auch direkt auf einen anderen Kachelordner oder eine andere Kachel ziehen (um gleich einen neuen Ordner anzulegen).

Wenn Sie die letzte Kachel aus einem Ordner herausziehen, wird der Ordner automatisch entfernt.

Ein augenschonender Nachtmodus

Was Apple recht ist, das ist Microsoft billig: Auch Windows 10 verfügt nun über einen augenschonenden Nachtmodus. Der verändert – entweder automatisch nach Zeitplan oder manuell nach Bedarf – die Farbzusammensetzung der Benutzeroberfläche, so dass sie bei Dunkelheit angenehmer und ermüdungsfreier zu betrachten ist.

1. Die Einstellungen für den Nachtmodus finden Sie in der Kategorie *System/Bildschirm*. Hier können Sie die Verwendung dieser Funktion zunächst grundlegend ein- oder ausschalten.

2. Mit der Verknüpfung *Einstellungen für Nachtmodus* können Sie genauer festlegen wann und wie dieser Modus stattfinden soll.

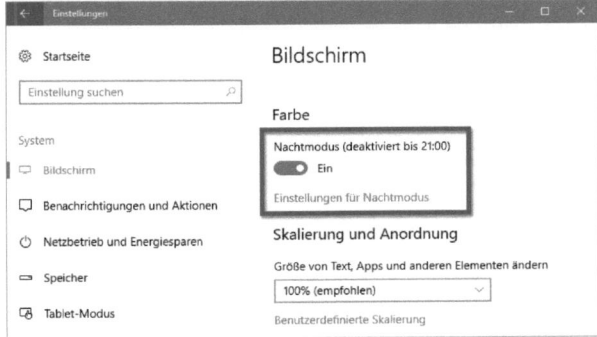

3. Wollen Sie den Nachtmodus einfach sofort ein-schalten, klicken Sie in den Einstellungen auf *Jetzt aktivieren*. Er wird dann verwendet, bis der ge-wählte Zeitplan (siehe im Folgenden) das Ab-schalten vorsieht.

4. Welche Farbtemperatur der Bildschirm während des Nachtmodus verwenden soll, können Sie mit dem Schieber darunter einstellen. Solange Sie die-sen mit gedrückter linker Maustaste erfassen, wird die gewählte Farbtemperatur in Echtzeit an-gezeigt. Am besten können Sie diese Einstellung aber tatsächlich bei Dunkelheit vornehmen, da man nur dann die Wirkung richtig abschätzen kann.

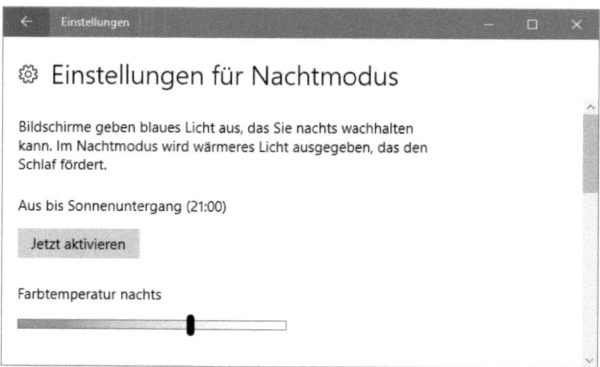

5. Weiter unten können Sie das automatische Ein- und Ausschalten des Nachtmodus planen. Dies kann zum einen mit *Stunden festlegen* nach starren Zeiten erfolgen.

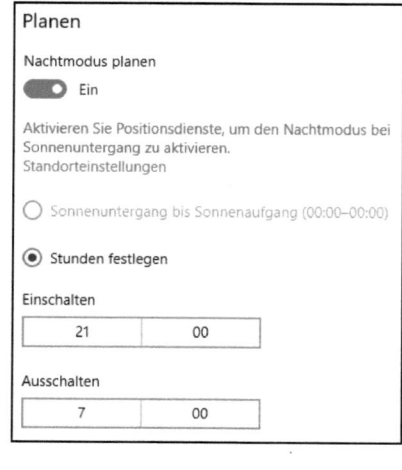

6. Sind Positionsdienste aktiviert, kann das Gerät auch selbständig den Zeitpunkt von Sonnenunter- und -aufgang an Ihrem jeweiligen Ort ermitteln und den Nachtmodus so den aktuellen Lichtverhältnissen entsprechend dynamisch verwenden.

Änderungen beim Win+X-Menü

Das Win+X-Menü lässt sich mit ebendieser Tasten-
kombination auf den Bildschirm zaubern. Alternativ
kann man dieselbe Wirkung mit einem Klick der rechten Maustaste auf das Windows-Symbol ganz links in
der Taskleiste erreichen. Dieses Menü erfreut sich bei
nicht wenigen Anwendern großer Beliebtheit, weil es
praktische Abkürzungen zu verschiedenen wichtigen
Windows-Funktionen und -Einstellungen bietet.

Diese Beliebtheit könnte mit dem Creators Update etwas abnehmen, denn auch das Win+X-Menü leidet darunter, dass Microsoft zunehmend die klassische Systemsteuerung durch die modernen Einstellungen ablösen möchte.

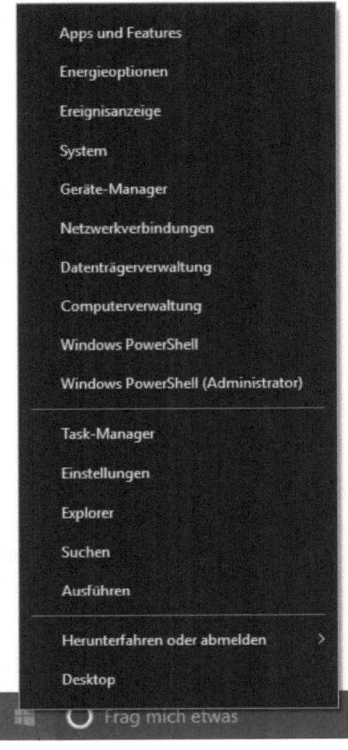

Dementsprechend verweisen nun einige der Menüeinträge nicht mehr zu den passenden Modulen der Systemsteuerung sondern auf teilweise neu hinzugekommene Seiten in den Einstellungen. Die Module der Systemsteuerung sind weiterhin vorhanden, nur der Weg dorthin ist eben nicht mehr ganz so bequem. Und leider bilden die modernen Einstellungen längst nicht immer die vollständige Funktionalität der Systemsteuerungsmodule ab.

Die nachfolgenden Abschnitte zeigen, was sich bei den Einträgen im Win+X-Menü konkret verändert hat.

Apps und Feature

Dieser Eintrag löst den bisherigen *Programme und Features* ab. Während der in die Systemsteuerung verwies, geht es nun in die *Apps & Features*-Kategorie der Einstellungen. Hier lassen sich auch Desktop-Anwendungen verwalten, allerdings ist die Darstellung längst nicht so übersichtlich wie in der Systemsteuerung.

Energieoptionen

Obwohl der Name unverändert ist, führt dieser Menüpunkt nun in die Kategorie *System/Netzbetrieb und Energiesparen*. Hier lassen sich ebenfalls grundlegende Stromspareinstellungen vornehmen, aber längst nicht so detailliert wie im Modul *Energieoptionen* der Systemsteuerung. Dieses ist in den Einstellungen allerdings über die Verknüpfung *Zusätzliche Energieeinstellungen* schnell erreichbar.

System

Auch hier geht es ab sofort nicht mehr ins gleichnamige Systemsteuerungsmodul sondern in die Kategorie *System/Info* der Einstellungen. Das ist an sich nicht tragisch, denn auch dort findet man alle wesentlichen Angaben zu Version und Hardware-Ausstattung. Einziger Nachteil dieser Variante: Im Systemsteuerungsmodul fand man in der Navigationsleiste links praktische Verknüpfungen zu *Geräte-Manager*, *Computerschutz* und den *Erweiterten Systemeinstellungen*. Der Weg dorthin ist nun etwas umständlicher geworden.

Netzwerkverbindungen

Dasselbe Spiel: Anstelle des gleichnamigen Systemsteuerungsmoduls ruft man hiermit nun die Kategorie *Netzwerk und Internet/Status* der Einstellungen auf. Auch diese bietet grundlegende Informationen und Einstellungen, aber nicht die gewohnte Funktionsvielfalt der Systemsteuerung.

PowerShell statt Eingabeaufforderung?

Die beiden untersten Einträge der oberen Liste verweisen nicht mehr auf die Eingabeaufforderung, sondern auf die PowerShell? Das ist nicht wirklich neu, sondern war schon vorher so. Allerdings lässt sich das in den Einstellungen ändern. Beim Installieren von Feature-Updates wird diese Einstellung aber gerne mal vergessen, so dass nun doch wieder die

PowerShell hier aufgeführt ist. Falls Sie der Einga-beaufforderung den Vorzug geben:

1. Öffnen Sie die Einstellungen in der Kategorie *Personalisierung/Taskleiste*.

2. Suchen Sie hier die Einstellung *Beim Rechtsklick auf die Schaltfläche "Start" oder beim Drücken von Windows-Taste+X „Eingabeaufforderung" im Menü durch „Windows PowerShell" ersetzen* und schalten Sie diese aus.

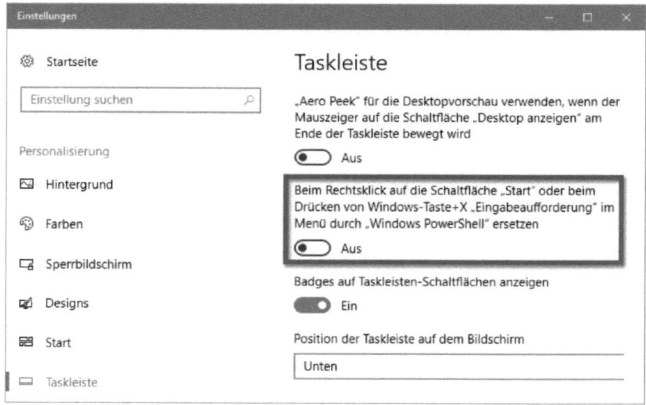

Einstellungen

Dass im Win+X-Menü der schnelle Zugang zur Sys-temsteuerung nun durch *Einstellungen* ersetzt wurde, ist aus Microsofts Sicht nur konsequent.

Freigeben statt Teilen

Das Teilen von Inhalten mit anderen Apps bzw. Anwendern ist nichts Neues und wurde auch nicht grundlegend verändert.
Allerdings wurde es von Teilen in Freigeben umbenannt und bekam ein neues Symbol. Dabei haben die Entwickler aber einige Stellen übersehen oder der Prozess ist noch im Gang. Apps wie beispielsweise Edge verwenden schon das neuen Symbol, sprechen aber immer noch vom Teilen. Aber vielleicht erschließt sich die Logik dahinter auch einfach nicht immer.

Neu gestaltet wurde in jedem Fall der Dialog fürs Freigeben (oder Teilen?). Er wird nicht mehr in der Seitenleiste rechts angezeigt, sondern in einem eigenen Dialog, der auch

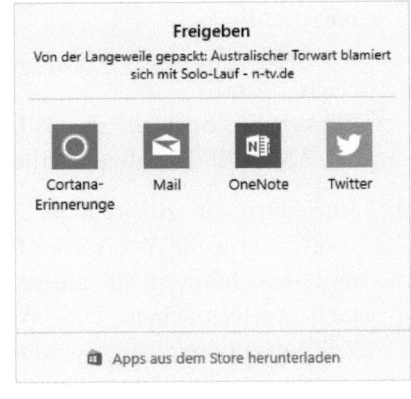

wesentlich moderner und hübscher aussieht. Funktionell hat sich dabei aber nichts geändert: Nach wie vor werden hier jeweils die Apps angeboten, die mit der Art des ausgewählten Inhalts etwas anfangen können. Mit *Apps aus dem Store herunterladen* können Sie ggf. weitere Apps für diesen Zweck beschaffen

WLAN-Verbindungen für x Stunden abschalten

Eine Neuerung nach dem Motto „klein aber fein": Beim Deaktivieren der WLAN-Funktion können Sie ab sofort festlegen, dass diese nach x Stunden automatisch wieder eingeschaltet werden soll. So kann man sich mal kurz Ruhe verschaffen oder auch unterwegs den Akku schonen. Dabei läuft man aber nicht Gefahr, dass erneute Einschalten später zu vergessen und so womöglich wichtige Mails o. ä. zu verpassen.

1. Öffnen Sie den Benachrichtigungsbereich und 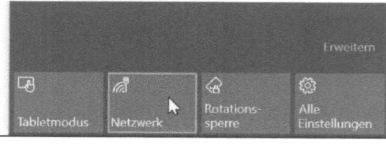 klicken Sie dort auf das WLAN-Symbol, um die WLAN-Funktion abzuschalten.

2. Nun wird ein zusätzlicher Auswahldialog angezeigt. Wenn Sie WLAN einfach nur deaktivieren möchten, können Sie diesen ignorieren und einfach weitermachen. Das WLAN ist zu diesem Zeitpunkt bereits abgeschaltet.

3. Soll WLAN später automatisch wieder eingeschaltet werden, öffnen Sie das Auswahlfeld und stellen eine der angebotenen Möglichkeiten ein.

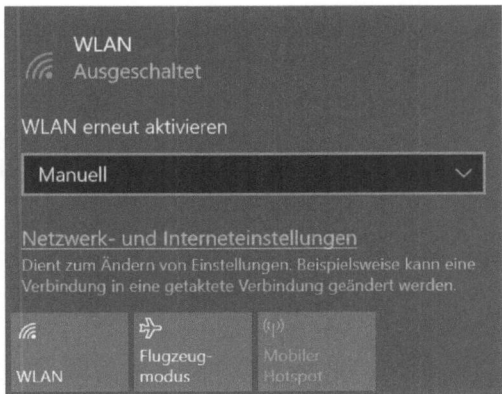

Die WLAN-Funktion des Gerätes wird dann nach Ablauf der gewählten Zeit automatisch wieder reaktiviert. Leider ist die Auswahl nicht sehr flexibel und weitere Zeiträume wären wünschenswert. Aber der Anfang ist gemacht.

Individuelle Bildschirmskalierung für jede Anwendung

Bedingt durch immer höher auflösende Bildschirme bastelt Microsoft schon seit einiger Zeit mit durchwachsenem Erfolg an der reibungslosen Skalierung der Benutzeroberfläche. Schließlich sollen Windows und Apps auf alten Bildschirmen genauso gut aussehen wie auf allerneuesten 4K-Monitoren. Auch für das Creators Update wurden hier Verbesserungen vorgenommen. Insbesondere einige Module der klassischen Systemsteuerung wurden in dieser Hinsicht überarbeitet und sehen nun auch auf 4K-Bildschirmen wesentlich besser aus.

Vor allem aber ist die Möglichkeit hinzugekommen, für einzelne Anwendungen ein Abweichen von den globalen Skalierungseinstellungen vorzunehmen. Hierzu finden Sie in den Eigenschaften einer Anwendung bzw. einer Verknüpfung zu einer Anwendung in der Rubrik *Kompatibilität* neue Einstellungen.

▶ Schalten Sie hier die Option *Verhalten bei hoher DPI-Skalierung überschreiben* ein, um eine abweichende Behandlung zu aktivieren.

▶ Dadurch wird das darunterliegende Auswahlfeld aktiviert, wo Sie verschiedene Varianten auswählen können. Hat ein Programm bei höheren DPI-Werten Probleme mit der Darstellung, sollten Sie zunächst die

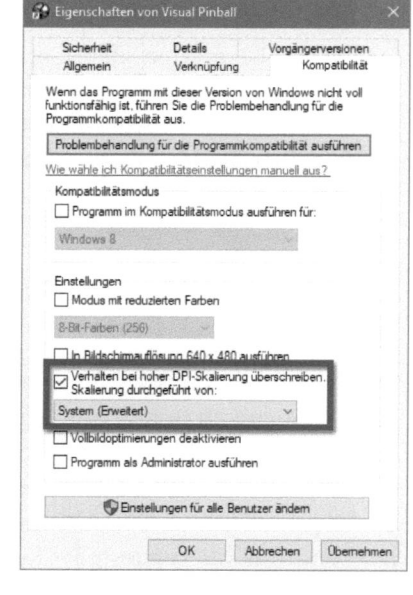

Variante *System (Erweitert)* ausprobieren. Löst die das Problem nicht zufriedenstellend, probieren Sie auch die anderen Varianten aus.

PIN-Eingabe auch ohne NumLock

Ein Neuerung, von der man wortwörtlich nichts sehen kann, die aber trotzdem ungemein praktisch sein kann: Wer seinen PC mit einem PIN-Code entsperrt und diesen bevorzugt mit dem Nummernfeld seiner Tastatur eingibt, hat teilweise das Problem, dass dazu der NumLock-Modus der Tastatur aktiviert sein muss. Häufig kann man das im BIOS einstellen, aber erfahrungsgemäß klappt es nicht immer fehlerfrei.

Mit dem Creators Update sind solche Probleme erledigt. Es kann zwar auch nicht zuverlässiger NumLock aktivieren, aber das ist nicht mehr nötig. Denn ab sofort werden bei der PIN-Eingabe alle Tasten des Nummernfeldes so interpretiert, als ob NumLock eingeschaltet wäre. Windows wertet den Tastendruck also unabhängig vom gewählten Modus immer als Zifferneingabe aus.

Adresszeile für den Registry-Editor

Wer schon eine Weile mit Windows zu tun hat, dem ist sicher auch der Registry-Editor – kurz regedit genannt – ein Begriff. Viele spezielle Einstellungen lassen sich nur mit diesem vornehmen. Der Registry-Editor ist schon seit Windows 95 dabei und hat sich seitdem zumindest äußerlich nicht nennenswert verändert. Deshalb kommt es annähernd einer Sensation gleich, dass Microsoft an diesem altbewährten Werkzeug etwas verändert hat. Seit dem Creators Update verfügt der Registry-Editor analog zum Windows Explorer über eine Adresszeile.

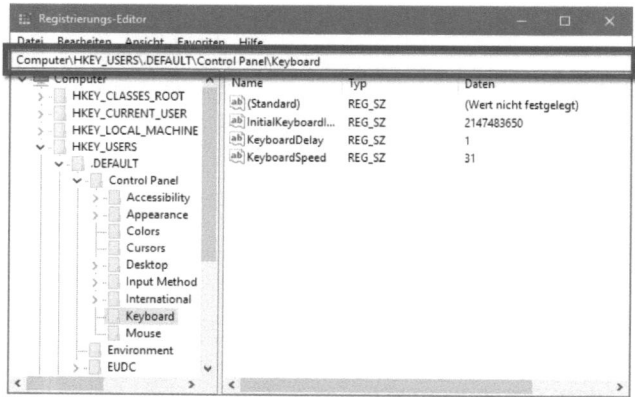

Darin wird jeweils der aktuell gewählte Registry-Schlüssel im Klartext angezeigt. Das Schöne daran: Er kann dort auch markiert und kopiert werden. Und auch umgekehrt ist es möglich, einen beispielsweise aus einer Anleitung im Internet kopierten Registry-Schlüssel einzufügen. Dann braucht man nur noch [Eingabe] zu drücken und der Registry-Editor springt direkt zum entsprechenden Schlüssel. Eine kleine Änderung, die aber viele Windows-Anwender überzeugen dürfte, da sie das Orientieren und Navigieren in der Registry erheblich vereinfacht.

VPN-Verbindungen im Schnellzugriff

Wer mit seinem
Windows 10-PC
regelmäßig
VPN-
Verbindungen
nutzt, fand dies
bislang vermut-
lich etwa um-
ständlich, da
zum Aktivieren
einer VPN-

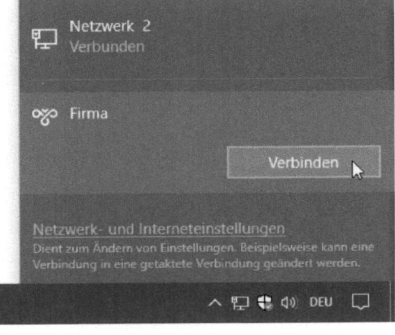

Verbindung jeweils mehrere Mausklicks erforderlich
waren. Mit dem Creators Update sind vorhandene
VPNs direkt in den Schnellzugriff gerückt und können hier in Netzwerk-Liste direkt angewählt werden.

Desktop-Farben als RGB-Werte angeben

Auch bei der Farbgestaltung des Desktops kommt
Microsoft den Benutzern wieder weiter entgegen.
Während Windows 10 anfangs nur wenig Auswahl-
möglichkeiten ließ und alles mehr oder weniger automatisch gestaltete, konnten die Benutzer in den
nachfolgenden Updates wieder unter mehr Farben
auswählen.

Mit dem Creators Update kann man in dieser Hinsicht tatsächlich wieder richtig kreativ werden. Denn
Windows erlaubt nun eine weitestgehend freie Wahl
für Hintergrund- oder Akzentfarben.

1. Dazu können Sie in den entsprechenden Einstellungsdialogen eine *Benutzerdefinierte Farbe* hinzufügen.

2. In dem so geöffneten Dialog finden Sie oben ein großes Spektrum an Farben zur Auswahl. Mit dem Schieber darunter können Sie die Helligkeit verändern.

3. Unten in der *Farbenvorschau* können Sie die Wirkung der Farbwahl an verschiedenen Elementen in Echtzeit überprüfen. Zusätzlich warnt Windows, wenn eine gewählte Farbe eventuell zu schlecht lesbaren Bildschirmtexten führt.

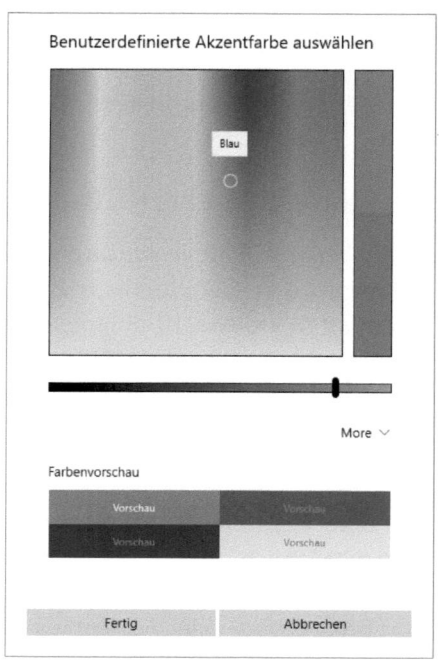

4. Wer es noch genauer wissen bzw. festlegen will, sollte auf das unscheinbare *More* klicken.

5. Damit wird das Menü um die Möglichkeit erweitert, Farbwerte direkt als Zahlenwerte im RGB- bzw. HSV-Format oder als HTML-Farbcodes anzugeben.

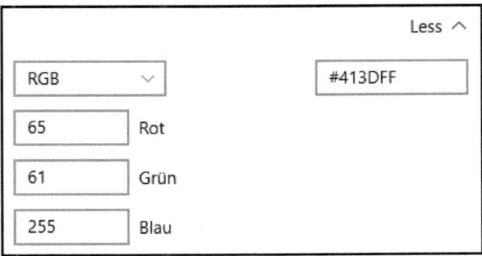

6. Hat man mit einer der angebotenen Methoden eine passende Farbe eingestellt, kann man sie ganz unten mit *Fertig* übernehmen.

Neues beim Edge-Browser

Nachdem der Edge-Webbrowser bei seinem Debüt mit Windows 10 noch einige Funktionen vermissen ließ, hat Microsoft ihn mit den folgenden Updates Schritt für Schritt weiter verbessert. Auch das Creators Update bringt wieder neue Funktionen mit sich, die sich durchaus sehen lassen können.

Neue Tabs direkt aus der Taskleiste

Bislang musste Edge auf die praktischen Sprunglisten verzichten, mit denen man wichtige Funktionen direkt aus der Taskleiste ausführen kann, ohne die Anwendung zuvor ausdrücklich 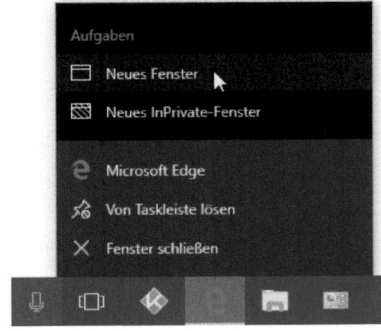 öffnen zu müssen. Nun verfügt auch Edge über eine Sprungliste mit den Aufgaben *Neues Fenster* sowie *Neues InPrivate-Fenster*.

Vorschau für Registerkarten

Wer beim Surfen gerne und viel mit Registern arbeitet, wird sich über die neue Vorschaufunktion freuen.

Sollte es bei den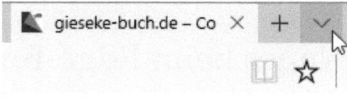
Registern mal un-
übersichtlich ge-
worden sein und Sie
nicht mehr genau wissen, welche Inhalte sich wo verstecken, klicken Sie auf das Pfeilsymbol rechts neben
dem letzten Register. Edge blendet dann eine Leiste
mit einer Live-Vorschau aller derzeit geöffneten Register ein.

Diese Leiste dient nicht nur der Orientierung, sondern
Sie können die Vorschauen darin auch anklicken bzw.
antippen, um das dazugehörenden Tab im Browser
anzuzeigen. Die Leiste wird beim Antippen eines
Registers auch nicht automatisch wieder ausgeblen-
det. Sie können Sie also dauerhaft anzeigen lassen, um
sich auch bei mehreren geöffneten Tabs jederzeit orientieren und direkt hin und her bewegen zu können.

Registerkarten für später vormerken

Recht innovativ ist die Möglichkeit, eine bestimmte
Registerkarte oder auch gleich mehrere zu speichern
und später wieder abrufen zu können. Das konnte
man zwar bislang auch schon in Form von Lesezeichen machen. Aber während letztere auf dauerhaftes
Speichern ausgelegt sind, werden die Register mit

dieser Funktion nur vorübergehend für späteres Lesen vorgemerkt. Ruft man sie von der Merkliste ab, werden sie wieder geöffnet und dabei auch gleich von der Liste entfernt. Das Ganze ist also eher für vorübergehendes „Merken" zum späteren Lesen gedacht.

Registerkarten speichern

Für diese Funktion bringt Edge zwei neue Schaltflächen in der oberen linken Ecke mit. Die rechte davon speichert auf einfachen Mausklick alle derzeit geöffneten 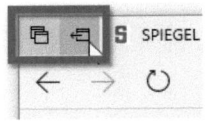 Registerkarten in der Merkliste. Gleichzeitig werden diese Register geschlossen und durch ein einziges leeres Register ersetzt.

Gespeicherte Registerkarten abrufen

Mit der linken der beiden Schaltflächen können Sie jederzeit die Merkliste einblenden. Für jeden Speichervorgang finden Sie hier einen Eintrag, der eine oder mehrere Registerkarten umfasst. Um Register wieder zu öffnen, gibt es zwei Möglichkeiten:

▶ Sie klicken direkt eines der gespeicherten Register an. Dann wird dieses Register geöffnet und gleichzeitig sein Eintrag aus der Merkliste entfernt.

▶ Um gleich alle Register eines Eintrag zu öffnen, klicken Sie rechts neben diesem Eintrag auf *Registerkarten wiederherstellen*. Dann werden alle Register dieses Eintrags geöffnet und der komplette Eintrag aus der Merkliste entfernt.

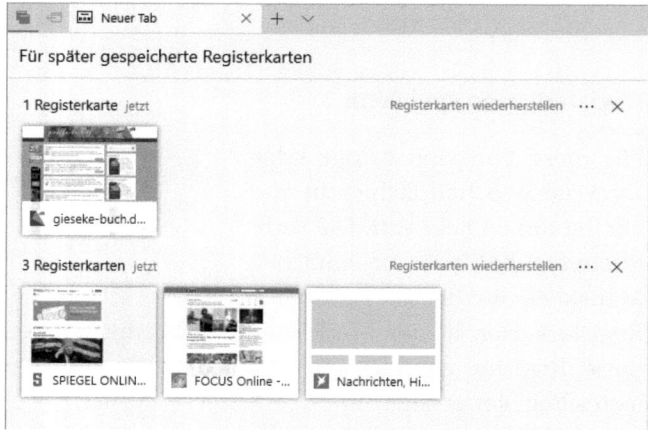

Wollen Sie ein Register aus der Liste entfernen ohne es noch einmal zu öffnen, bewegen Sie den Mauszeiger darauf und klicken dann unten rechts auf das kleine *X*. Um einen ganzen Eintrag zu löschen, finden Sie rechts neben dem *...wiederherstellen* dazu das entsprechende *X*.

Gemerkte Register teilen oder in Favoriten wandeln
Mit dem kleinen Menü-Symbol neben dem *...wiederherstellen* können Sie eine Registerkarten-sammlung über die Teilen-Funktion an andere wei-tergeben. Sollten Sie vorübergehend gemerkte Regis-terkarten dann doch dauerhaft speichern wollen, fin-den Sie in diesem Menü außerdem die Funktion *Re-gisterkarten zu Favoriten hinzufügen*.

Flash-Inhalte nur auf Wunsch

Nach wie vor kann der Edge-Browser dynamische Flash-Inhalte in Webseiten wiedergeben. Allerdings werden diese nun nicht mehr automatisch abgespielt. Stattdessen weist Edge auf das Vorhandensein solcher Inhalte hin und lässt Sie auswählen, ob Sie diese aus-führen lassen möchten. Dabei können Sie sich ent-scheiden, den Inhalt nur einmalig zuzulassen oder die Entscheidung für dieses Webangebot dauerhaft zu speichern (*Immer zulassen*). Ein sinnvoller Kompro-miss aus Sicherheit und Komfort.

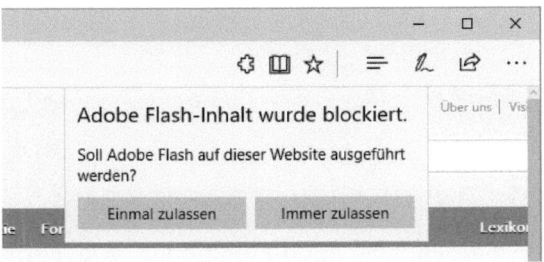

eBooks in Edge lesen

Microsoft hat große Pläne, in den eBook-Markt einzusteigen. Bis es hierzulande soweit ist, wird es noch etwas dauern. Aber im Edge-Browser wirft das bereits seine Schatten voraus. Im positiven Sinn, denn mit dem Creators Update lernt Edge, eBooks im verbreiteten ePub-Format anzuzeigen. Wann immer Sie im Web auf einen Link zu einer .epub-Datei stoßen, können Sie diesen direkt anklicken. Edge lädt dann die Datei und stellt den Inhalt direkt in einem neuen Register dar.

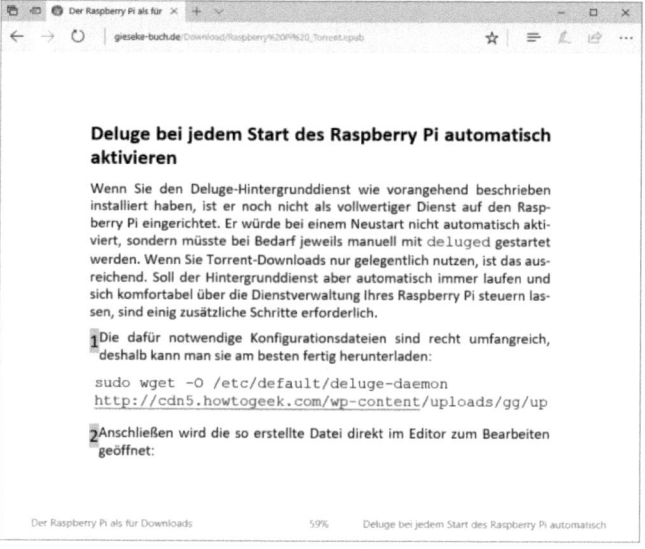

Dabei werden alle ePub-Funktionen wie Formatierungen, eingebettete Bilder und Verknüpfungen unterstützt. Blättern können Sie mit den Pfeiltasten oder

der Maus (auf den rechten oder linken Seitenrand klicken). Wenn Sie mitten in den Text klicken, werden unten eine Fortschrittsleiste und oben eine Menüzeile eingeblendet. Hier können Sie Lesezeichen setzen, Suchen und die Darstellung des eBooks anpassen.

Deluge bei jedem Start des Raspberry Pi

Mit einem Klick auf das Buchstabensymbol blenden Sie den Einstellungsdialog ein. Hier können Sie die Schriftgröße und das Textlayout anpassen. Außerdem können Sie eines von mehreren Seitendesigns auswählen. Insbesondere das mittlere mit einem gelblichen Seitenhintergrund eignet sich für längere, augenschonende Lesesitzungen.

eBooks vorlesen lassen

Eine praktische Vorlesefunktion verbirgt sich hinter dem zweiten Menüleistensymbol von rechts: Damit können Sie sich den ak- tuell angezeigten eBook-Text vorlesen lassen. Dazu wird eine synthetische Computerstimme verwendet, die sicher noch ausbaufähig ist. Aber mit einfachen Texten ohne spezielle Fachbegriffe kommt sie recht gut klar.

Während die Sprach-ausgabe läuft, können Sie mit dem Kopf-Symbol oben rechts die Einstellungen dieser Funktion öff-nen. Hier lassen sich verschiedene Stim-men auswählen und auch die Wiedergabe-geschwindigkeit Ihren Vorlieben anpassen.

Dies und das

Wie immer gibt es bei einem Feature-Update für Windows einige neue Funktionen und Änderungen, die eher unter Details fallen bzw. sich keinem der anderen Themenschwerpunkte so recht zuordnen lassen. Trotzdem sollen sie nicht unter den Tisch fallen. Deshalb sind sie in diesem abschließenden Kapitel gesammelt.

Aus Paint wird Paint 3D

Warum das Creators Update genau diesen Namen trägt, konnte Microsoft nicht so ganz überzeugend erklären. Aber eines der Argumente ist die Paint-App – vielmehr Paint 3D. Denn nachdem Paint viele Jahre ein unbedrängtes Nischendasein als simples Malprogramm geführt hat, wird es nun durch die gründlich renovierte Paint 3D-App abgelöst. Wie der Name schon verrät, kann man damit nun auch in der dritten Dimension zeichnen bzw. mit räumlichen Objekten arbeiten.

Diese Innovation in allen Ehren, aber ich habe mich in meinen Büchern niemals mit Paint befasst, weil es zwar eine nette Spielerei ist, aber kein ernstzunehmenden Grafikprogramm. Und über Paint 3D muss man leider dasselbe sagen. Sicherlich ist es ganz spaßig, mit den vorgefertigten 3D-Figuren wie Menschen, Katzen und Fischen herumzuspielen, aber niemand wird damit ernsthaft Dokumente oder gar Kunstwerke gestalten wollen. Aber die Bedienung von Paint 3D ist recht intuitiv und kann ganz gut auf eigene Faust erforscht werden.

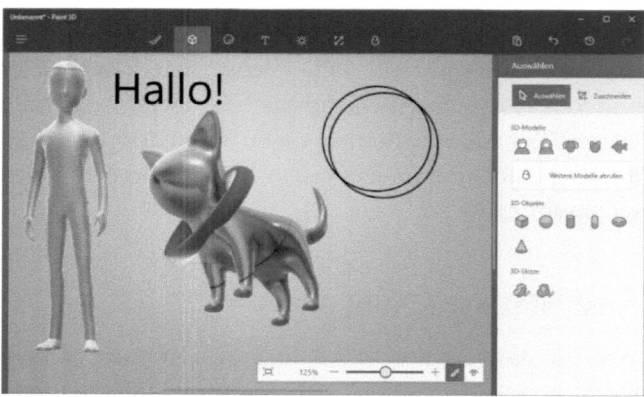

VMs in Hyper-V schneller erstellen

Wer die Virtualisierungsplattform Hyper-V nutzt (nur in den Editionen ab Pro), freut sich vielleicht über einen schnelleren Weg zum Erstellen neuer VMs.

1. Sie finden ihn im Hype-V-Manager rechts oben bei den Aktionen unter der Bezeichnung *Schnellerstellung.*

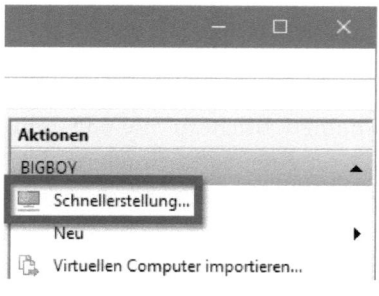

2. Im folgenden Dialog legen Sie oben den Namen der virtuellen Maschine fest.

3. Darunter wählen Sie die ISO-Datei mit dem zu installierenden Betriebssystems aus.

4. Sollte es sich dabei nicht um ein Windows-System handeln bzw. wenn Sie auf Secure Boot verzichten möchten, deaktivieren Sie die Option *This virtual machine will run Windows*.

5. Legen Sie schließlich fest, ob das virtuelle System eine Netzwerkverbindung nutzen darf.

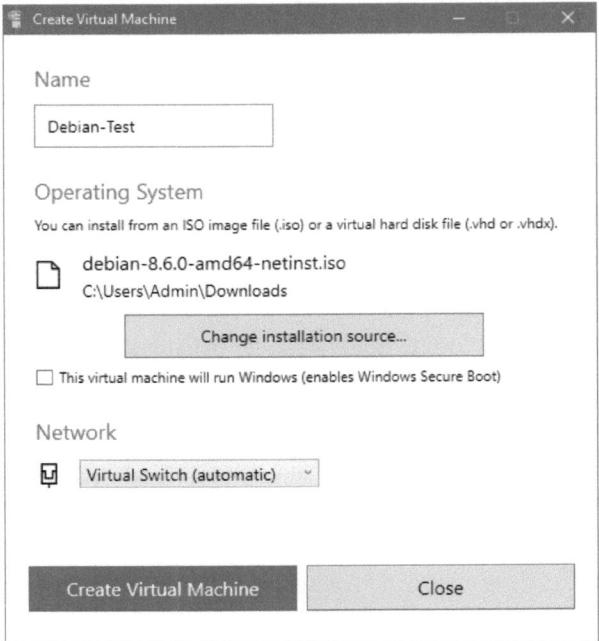

6. Klicken Sie dann unten links auf *Create Virtual Machine*, um die VM einzurichten und das gewählte Betriebssystem darin zu installieren.

Neue Funktionen im Ink-Zeichenblock

Kleinere Überarbeitungen hat es auch beim Ink-Zeichenblock gegeben. Der bringt ein paar zusätzliche oder verbesserte Werkzeuge mit. Insbesondere bei den Radierern wurde nachgebessert.

Hier finden Sie nun einen echten Radierer in zwei Größen. Weiterhin besteht die Möglichkeit, mit dem *Pinselstrichradierer* komplette Striche auf einmal zu 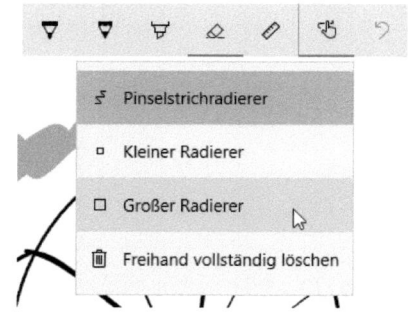 entfernen oder mit *Freihand vollständig löschen* den gesamten Zeichenbereich zu leeren.

Neuerungen gibt es auch beim benachbarten *Lineal*. Dieses kann nun ein einzelnen Gradschritten noch feiner rotiert werden. Außerdem wurde ihm ein *Winkelmesser* an die Seite gestellt.

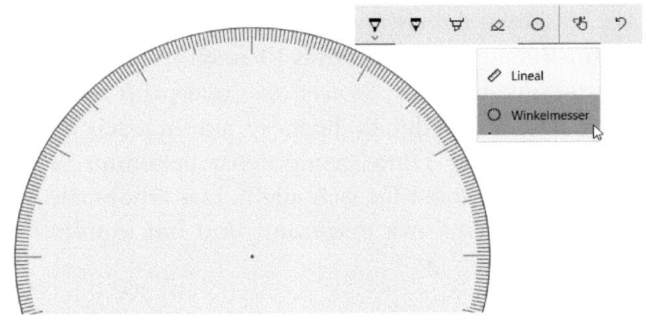

Unter der Haube: Eine svchost.exe pro Dienst

Eine sehr grundlegende Neuerung, die weitreichende Folgen haben kann, auch wenn man sie auf der Oberfläche kaum wahrnimmt, hat mit dem Programm svchost.exe zu tun, auch als „Hostprozess für Windows-Dienste" oder kurz „Diensthost" bekannt. Dieses Programm ist für das Ausführen von Hintergrunddiensten zuständig. Dementsprechend taucht es in der Prozessliste des Task-Managers meist gleich mehrere Male auf. Allerdings gab es bislang nicht für jeden Dienst eine eigene svchost.exe, sondern um Speicherplatz zu sparen, legte Windows meist gleich mehrere Dienste in einer svchost.exe zusammen. Das hatte einen entscheidenden Nachteil: Gab es bei einem Dienst Probleme, die zum Absturz der svchost.exe führten, riss das gleich alle anderen Dienste mit in den Abgrund, die sich dieses Programm teilten.

Mit dem Creators Update ist damit bei vielen Windows-PCs Schluss. Denn wenn in einem PC mehr als 3,5 GByte Arbeitsspeicher verbaut sind und er die 64-Bit-Version von Windows 10 ausführt (kann in den Einstellungen unter *System/Info* überprüft werden), wird das Teilen der svchost.exe automatisch deaktiviert und jeder Hintergrunddienst bekommt seinen eigenen Diensthost für sich allein. Das erhöht die Stabilität von Windows insgesamt und hat unmittelbar zwei Folgen:

▶ Da mehr Hostprozesse laufen, wird etwas mehr Speicher verbraucht. Allerdings nur in einer Größenordnung von um die 100 MByte, was einen halbwegs aktuellen PC nicht ins Schwitzen bringen sollte.

▶ In der Prozessliste der Task-Manager taucht der Diensthost nun wesentlich häufiger auf. Auf einem System mit rund 20 Instanzen vor dem Creators Update finden sich anschließend etwa dreimal so viele Instanzen wieder. Dafür lässt sich dort aber nun zweifelsfrei jedem Diensthost ein konkreter Hintergrunddienst zuordnen. So weiß man immer genau, welcher Dienst beispielsweise übermäßigen Speicherbedarf hat oder den Prozessor auffällig stark belastet.

Zum Schluss...

...möchte ich Ihnen für Ihre Aufmerksamkeit danken. Ich hoffe, dieser Überblick über das Creators Update hat Ihnen viele Erkenntnisse verschafft und dabei geholfen, die neuen Windows-Funktionen gewinnbringend zu nutzen.

Wenn Sie Fragen haben, Feedback loswerden oder Ihre eigenen Erfahrungen teilen möchten, besuchen Sie mich im Internet unter **gieseke-buch.de**. Hier finden Sie auch weitere Informationen und Tipps zu diesem und anderen Themen meiner Bücher.

Eine Bitte in eigener Sache

Ich freue mich, wenn Sie Ihre positiven Eindrücke an andere interessierte Leser weitergeben, etwa durch persönliche Empfehlungen, eine Rezension auf einer der einschlägigen Plattformen oder auch durch Hinweise in Foren oder sozialen Netzwerken.

Dieser Titel ist ohne Marketing-Budget und Vertriebsstrukturen großer Verlage erschienen, denen das Thema nicht profitabel genug erschien. Deshalb ist Mund-zu-Mund-Propaganda besonders wichtig. Wenn Sie also der Meinung sind, dass dieses Buch auch für andere Leser interessant und hilfreich sein könnte, dann sagen Sie es bitte weiter.

Vielen Dank.

Stichwortverzeichnis

Mehr von gEdition.de